AF249378

HENRI POTTIER

AUTEUR des Destinées de la France au point de vue de la prévoyance, du crédit et du travail national; — du Manuel de la Banque et du commerce; — de la Partie double, perfectionnée(1); — de la Sténographie des gens du monde; — d'une Méthode nouvelle de tenue des livres, dite comptabilité moderne; — et de l'Encyclopédie du calcul, au point de vue de la Banque et du commerce.

LA CONCILIATION

S'APPUYANT

SUR DES CONDITIONS NOUVELLES DE PROSPÉRITÉ

PARTIE FINANCIÈRE

IDÉES PRATIQUES

ayant pour but

**l'établissement du Crédit moderne,
la reconstitution de la confiance et des richesses nationales
spécialement dans les contrées dévastées
dans l'Industrie, le Commerce et l'Agriculture,**

> Seconder puissamment l'industrie et l'agriculture et arriver ainsi, par la prospérité, à l'acquit de la dette publique.　　　　H. P.

PRIX : **1** FRANC

LA LIVRAISON

et 1 fr. 25 centimes par la poste.

PARIS

LIBRAIRIE DE MICHEL LÉVY FRERES

15, BOULEVARD DES ITALIENS, 15

Et chez tous les principaux Libraires.

1871

Tous droits de traduction et de reproduction réservés.

(1) Adopté par le Conseil de l'instruction publique pour les classes normales primaires.

LE CRÉDIT MODERNE

SOCIÉTÉ EN COMMANDITE

pour être transformée en Société par actions

AU CAPITAL DE CENT MILLIONS

Capital social et d'organisation

200,000 fr. divisés en 2,000 parts d'intérêts de 100 fr. chacune.

Capital de commandite

300,000 fr. divisés en 2,400 parts d'intérêts de 125 fr. chacune.

Donnant droit à 5 p. % d'intérêts et à 50 p. % dans les bénéfices nets ; et lors de la constitution en actions, à des titres libérés de 125 fr. non sujets à appels de fonds pendant toute la durée de la Société.

Les bénéfices importants qui doivent résulter des opérations de la Société le CRÉDIT MODERNE ne peuvent être douteux. La nature des institutions qui en forment l'ensemble en donne l'assurance. Cette Société, en outre, offre à ses intéressés la sécurité la plus complète : tous ses découverts étant appuyés sur des garanties collectives et sur l'assurance financière.

Les souscripteurs des parts d'intérêts ont donc d'importants dividendes à espérer, même dès les débuts ; dividendes qui s'accroîtront dans des limites que nous ne saurions déterminer et qui se réaliseront par l'établissement de la Société sous la forme anonyme. En effet cette transformation donnera aux parts d'intérêts une valeur *cinq fois* plus grande dans le partage des bénéfices et une plus-value de *vingt-cinq* pour *cent :* les actions de *cinq cents francs* données en échange étant liquidées de *cent vingt-cinq francs.* Ces avantages, déjà si importants, seront encore accrus de la condition que ces Actions privilégiées ne seront soumises à aucun appel de fonds pendant toute la durée de la Société.

Enfin, si nous arrivions à réaliser toutes nos espérances relativement aux capitaux de dotation indiqués pour arriver à l'amortissement de la dette publique et prussienne, etc., la valeur des Actions LE CRÉDIT MODERNE dépasserait toute proportion et nous pourrions avancer que chaque titre deviendrait, par ce fait, une véritable fortune.

En déposant les fonds au compte du CRÉDIT MODERNE,

On souscrit :

A *Lille*, rue des Fleurs, à la SOCIÉTÉ DE CRÉDIT DU NORD.

A *Roubaix*, à la Succursale de ladite Société, rue du Pays.

A *Paris*, à la SOCIÉTÉ GÉNÉRALE, POUR FAVORISER LE DÉVELOPPEMENT DU COMMERCE ET DE L'INDUSTRIE, rue de Provence, 74, et dans ses Succursales.

Et enfin dans toutes les Succursales de la BANQUE DE FRANCE, et chez les principaux banquiers de la France et de l'étranger.

SOUS PRESSE :

COMPTABILITÉ MODERNE

ASSURANT CLARTÉ, ÉCONOMIE DE TEMPS ET DISCRÉTION

BROCHURE GRAND IN-8º

PRIX : 5 francs

Chez l'Auteur.

La *Comptabilité moderne*, dans la pratique, avec une clarté plus grande, une facilité exceptionnelle pour la vérification des écritures, donne une réduction de travail qu'on peut évaluer à cinquante pour cent, étant comparée à la partie double en usage, même au système dit JOURNAL GRAND LIVRE.

Les chefs de maison, par la *Comptabilité moderne*, obtiennent chaque jour un résumé des opérations de la journée et une situation générale. Ils sont entièrement assurés de l'exactitude de leurs écritures.

Par cette nouvelle méthode, les livres peuvent toujours être tenus au courant, et les chefs de maison ont, s'il leur convient, le secret de leurs écritures et celui des résultats de leur commerce ou industrie.

Les avantages que présente la *Comptabilité moderne* sont donc très importants; c'est ce qui nous fait espérer qu'il conviendra à nos lecteurs de nous adresser leurs souscriptions :

A *Paris*, librairie MICHEL LÉVY, boulevard des Italiens;

» GUILLAUMIN et Cᶦᵉ, 14, rue Richelieu;

A *Lille*, librairie L. QUARRÉ, Grande-Place, 61;

Et chez tous les libraires de la France et de l'étranger.

LA CONCILIATION

S'APPUYANT

SUR DES CONDITIONS NOUVELLES DE PROSPÉRITÉ

Lb⁵⁷

Henri POTTIER

AUTEUR des Destinées de la France au point de vue de la prévoyance, du crédit et du travail national; — du Manuel de la Banque et du commerce; — de la Partie double, perfectionnée(1); — de la Sténographie des gens du monde; — d'une Méthode nouvelle de tenue des livres, dite comptabilité moderne; — et de l'Encyclopédie du calcul, au point de vue de la Banque et du commerce.

LA CONCILIATION

S'APPUYANT

SUR DES CONDITIONS NOUVELLES DE PROSPÉRITÉ

PARTIE FINANCIÈRE

IDÉES PRATIQUES

ayant pour but

l'établissement du Crédit moderne,
la reconstitution de la confiance et des richesses nationales
spécialement dans les contrées dévastées
dans l'Industrie, le Commerce et l'Agriculture.

Seconder puissamment l'industrie et l'agriculture et arriver ainsi, par la prospérité, à l'acquit de la dette publique.

H. P.

PRIX : **1** FRANC

LA LIVRAISON

et 1 fr. 25 centimes par la poste.

PARIS

LIBRAIRIE DE MICHEL LÉVY FRERES

15, BOULEVARD DES ITALIENS, 15

Et chez tous les principaux Libraires.

1871

Tous droits de traduction et de reproduction réservés.

(1) Adopté par le Conseil de l'instruction publique pour les classes normales primaires.

A M. THIERS, Président de la République,

Monsieur le Président de la République,

C'est avec l'espérance d'accomplir un acte utile et patriotique que je prends la confiance, Monsieur le Président de la République, de venir vous soumettre ma brochure, intitulée : La Conciliation, s'appuyant sur des conditions nouvelles de prospérité, après l'invasion de 1870.

En effet, ce travail a pour but de proposer des moyens propres à reconstituer, d'une manière sérieuse, l'action productive de la France et le bien-être des populations.

Il indique aussi la possibilité d'affranchir, dans un temps très court, le sol de la patrie de l'occupation étrangère.

Les combinaisons qui en sont l'objet permettent d'arriver à la solution de ces divers problèmes sans moyens factices. Il suffit uniquement d'une dotation en titres de rentes n'obligeant à aucun déboursé. Elles promettent au Trésor d'abondantes recettes, et l'allégement possible des impôts pesant plus particulièrement sur le peuple.

Cette dotation, représentant relativement un capital très important, serait le principe d'une caution puissante pour les émissions d'obligations de la société *le Crédit moderne*, qui serait organisée à cet effet.

Les ressources de cette puissante et patriotique institution financière auraient pour principale destination de rétablir, dans les contrées dévastées, les valeurs anéanties ou amoindries ; de commanditer l'industrie et l'agriculture dans leurs plus humbles exploitations ; de seconder la colonisation algérienne, etc. ; de faciliter libéralement les expéditions exotiques ; et, enfin, d'aller au secours de cette myriade d'hommes intelligents qui, dans la tourmente, ont perdu leurs instruments de travail.

L'organisation des garanties qui seront réclamées des emprunteurs ne laisse aucun doute sur l'heureuse liquidation finale des capitaux ainsi confiés aux populations.

Nos combinaisons doivent avoir pour conséquence importante l'amortissement de la dette publique, raffermissant encore le crédit de l'État ; et le paiement, par la Société et par annuités, du solde de la dette prussienne, sans avoir recours à de nouveaux emprunts (3 milliards).

L'augmentation de consommation qui résulterait de l'aide donné au travail et aux débouchés extérieurs, produirait pour les contrées industrielles des commandes très importantes ; et, pour le Trésor public, des subsides en raison de cette activité exceptionnelle imprimée aux transactions, enrichissant le budget des recettes d'une manière progressive et continue.

Cette proposition, Monsieur le Président de la République, mérite d'être étudiée ; elle est digne, je l'espère, de toute votre attention.

La France en appelle à votre sagesse, Monsieur ; les populations ont toutes les regards portés vers vous ; c'est de votre initiative que le pays attend son salut.

Un encouragement de votre part, Monsieur le Président de la République, faciliterait considérablement l'établissement de la société *le Crédit moderne.*

Espérant dans une décision favorable,

J'ai bien l'honneur d'être, avec un profond respect,

Monsieur le Président de la République,

Votre très humble et très dévoué serviteur.

Henri POTTIER.

AVANT-PROPOS

La conciliation, à la suite des désastres tels que ceux
que la France et ses populations subissent, pour être sérieuse
et avoir des résultats durables, ne doit pas seulement
venir de l'apaisement des passions politiques, elle doit aussi
s'appuyer sur des conditions nouvelles de prospérité, qu'un
avenir prochain peut faire entrevoir.

Le travail est le meilleur des pacificateurs. Mais il ne
suffit pas cependant à la suite de mouvements révolutionnaires aussi fortement accentués. Les ambitions froissées,
les désirs de se produire, sans passer par les conditions
ordinaires, quelquefois un peu lentes, font souhaiter des
institutions qui semblent promettre de s'en affranchir.

Il faut donc, dans la situation, que les pouvoirs politiques
fassent aussi des efforts pour amener et consolider la
conciliation des esprits. C'est là où le travail des hommes
d'État sera le plus ardu, notre société démocratique étant
imbue de préjugés et d'erreurs, qui dénaturent les voies
de la vérité. C'est ce que l'étude seule peut arriver à
modifier ou à détruire, suivant le point de vue où chacun
se placera.

Cependant, c'est de la solidité des institutions politiques que doivent résulter nos espérances, relativement à la prospérité du travail. A cet égard et dans une prochaine livraison, nous ferons quelques réflexions par rapport à la politique, tant sur celle des temps passés que sur les principes que nous voudrions voir adopter pour l'avenir.

Dans cette première publication, nous expliquons succinctement nos idées sur les moyens financiers qui peuvent être employés pour ramener la prospérité et le travail si fatalement éprouvés. En effet, il est certain que pour arriver au réglement des affaires en litige, surtout à Paris, bon nombre d'industriels, de commerçants et même de particuliers éprouveront de bien grandes difficultés. Dès lors, par des conventions spéciales, si on ne vient pas au secours des débiteurs d'une manière libérale, l'ensemble du pays aurait à se repentir, assurément, de ce radicalisme en affaire.

Ce serait donc une erreur, en cette circonstance, de ne pas être conciliant ; car il est certain que la majeure partie des commerçants, et des particuliers mêmes, devront obtenir d'importantes faveurs d'échéance pour arriver à se libérer.

La loi, pour soutenir le principe du crédit en général, a besoin d'une certaine rigidité, mais la société peut intervenir ; et, tout en respectant la loi, créer des moyens de liquidation qui se modifient suivant les exigences des temps et la classe des débiteurs.

C'est cette pensée qui a présidé à la rédaction de nos moyens pratiques de crédit, dont le but est de conjurer les exigences de la situation. Ces moyens pratiques consistent dans :

Un *Comptoir de liquidations amiables,* avec amortissement en *trente années* et l'acquit des dettes en *vingt.* Combinaison offrant également des avantages aux débiteurs et aux créanciers ;

Un *Comptoir de Crédit en Valeurs négociables*, espèce de commandite consentie pour *quinze années*, se liquidant mensuellement ;

Un *Comptoir des Contrées dévastées, etc.*, pour rendre la vie aux pays si cruellement éprouvés par l'invasion.

Un *Comptoir de Commandite industrielle*, réalisant ses opérations en *quinze années*, et s'amortissant mensuellement ;

Un *Comptoir de Prêts hypothécaires* et une *Caisse de l'Agriculture*, institués en faveur de la propriété rurale et des fermiers locataires, dont le concours a tant d'importance pour la richesse publique et les recettes du Trésor.

Ce plan est vaste et cependant n'a rien qui puisse étonner, il est d'urgence. Les besoins financiers du pays sont multiples. Et la France, aujourd'hui accablée de dettes, ruinée dans son numéraire, doit surtout recourir au crédit, que la probité, qu'elle n'a cessé de montrer, consolide principalement.

La confiance restant entière, des moyens conventionnels peuvent soutenir les relations générales et la circulation à l'intérieur ; et l'étranger, par ses sympathies, est convié à venir en aide à cet état précaire, que des ruines accumulées ont amené.

Ce serait une bonne inspiration que d'accepter nos conceptions relativement à l'amortissement de la dette publique et à l'acquit de l'indemnité de guerre. Elles peuvent sauver la patrie des étreintes de la gêne et peut-être du discrédit, tout en augmentant les recettes du budget.

En effet, si l'État, selon nos vœux, accordait à la Société LE CRÉDIT MODERNE les subventions en rentes 5 p. %, nécessaires à nos projets, cette société, au moyen de telles cautions, créerait des ressources infinies au profit de toutes les institutions dont elle résume le système d'ensemble. Par là, le Trésor public réaliserait proportionnellement des recettes bien supérieures aux charges qu'il semblerait s'être imposées par les subventions consenties.

Ce qui doit tout particulièrement faire accréditer ce projet, c'est qu'en même temps qu'on vient au secours du travail, on arrive à la liquidation de l'indemnité de guerre, qui est de *trois milliards,* et ensuite à l'amortissement de la dette publique, pouvant s'élever à *vingt milliards.*

Pour obtenir ce délai de *trente années* et l'affranchissement immédiat du sol de la patrie, nous indiquons également comment on peut espérer ces heureux résultats.

De l'ensemble de ces combinaisons il résulte des intérêts particuliers et généraux qu'il sera utile d'apprécier. Elles doivent raffermir nos résolutions et nous indiquer ce qui peut être fait pour venir en aide au gouvernement, tout en rendant au travail l'activité, qui est le principe d'existence des populations.

CHAPITRE PREMIER

LE CRÉDIT MODERNE.

SOCIÉTÉ EN COMMANDITE, A TITRE PROVISOIRE

pour être transformée en Société anonyme
et d'utilité publique

AU CAPITAL DE CENT MILLIONS

divisés en actions, dont le premier quart sera seulement versé

Capital provisoire et d'organisation

500,000 fr. divisés en parts d'intérêts de 100 et 125 fr., ayant droit
à une prime spéciale.

> « La supériorité de puissance que le
> CRÉDIT procure aux nations qui savent
> s'en servir, est comparable à celle que
> l'usage des armes à feu donne aux
> Européens sur les sauvages. »
> DE LÉVIS.

I

La Société LE CRÉDIT MODERNE, qui est l'institution fondamentale du système financier que nous préconisons, se résume dans une *série de Comptoirs* qui en formera l'ensemble.

Ces Comptoirs, dont nous donnons une analyse dans cette brochure, se partagent la mission de la Société, dont le but est d'augmenter les ressources du travail national, et de venir en aide dans toutes les transactions de l'industrie, du commerce et de l'agriculture.

Pour encourager les rapports avec ses adhérents, la Société accorde aux acheteurs, etc., des primes de reconstitution de capital, dont elle fournit le capital de dotation. Idée nouvelle qui se rattache à toutes les opérations.

Chacun des *Comptoirs* a ses intérêts particuliers et une administration spéciale. Les employés de la Société font tous partie d'une association générale, ayant un capital de garantie, qui est la caution de tous, par rapport aux actes de la gestion de chacun.

Au moyen de cette combinaison, les tiers intéressés et la Société ne peuvent devenir la dupe d'aucune malversation.

La Société LE CRÉDIT MODERNE centralise toutes les ressources. A cet effet, elle institue un Comptoir spécial ayant un directeur, etc., sous le titre de :

Comptoir du mouvement général des titres

et des espèces.

Elle a pour garantie de ses découverts :

La valeur que représente les contractants par leur actif ;

L'engagement solidaire des intéressés de même catégorie ;

L'assurance financière que souscrivent tous les adhérents de la Société ;

Enfin, des cautions s'il en est nécessaire.

II

Les ressources de la Société, à titre provisoire, se forment :

Par son capital social et de commandite ;

Par l'émission de ses obligations à 50 années de date ;

Par les capitaux à longs termes, formant la dotation de la *Caisse générale des Primes,* et celle des fonds d'amortissement particuliers ;

Par les recettes qui résulteront des Assurances sur la vie et en viager, etc.

Par la création de bons d'épargne ;

Par des bons d'émission ;

Enfin, s'il y a lieu, par des capitaux de dotation pour arriver à l'amortissement de la dette publique et à celle de l'indemnité de guerre.

D'après cette énumération, on comprendra la somme immense que ces ressources peuvent accumuler relativement, et de l'importance des bénéfices à distribuer, eu égard au nombre restreint des Actions auxquelles ils s'appliquent.

Toutefois, nous devons faire remarquer que, jusqu'à concurrence de 5 p. %, la Société dispose de 50 p. % de ses bénéfices en faveur du *Comptoir des Capitaux placés à longs termes.*

III

La Société provisoire étant suffisamment organisée pour être transformée en Société anonyme par actions, d'après l'importance qu'elle pourra prendre, nous croyons qu'elle devra être décrétée d'intérêt public. Un gouverneur sera nommé par l'État, et un Conseil d'administration, composé de notabilités et de censeurs, en appliquera les ressources.

La charge qui nous incombe, c'est l'organisation première de tous les Comptoirs, c'est la pensée inspiratrice.

Les bases du système étant posées et comprises dans la pratique, il sera facile de réaliser les bienfaits que nous en espérons. Ces bienfaits doivent avoir pour résultat d'établir désormais l'indépendance financière de l'industrie, du commerce et de l'agriculture; d'augmenter l'action du travail dans de larges proportions, et de répandre le bien-être dans toutes les classes de la société.

Les communes et même l'État pourront aussi puiser à ce vaste réservoir que formeront les ressources de la Société LE CRÉDIT MODERNE.

Les débuts mêmes pourraient être faciles avec un peu de bonne volonté. En effet, tout le monde a également besoin de capitaux et d'encouragements, et la Société, avec son système de garantie, présente la plus grande sécurité.

L'analyse de la Société, dans cette brochure, ne comprend que les Comptoirs les plus importants. Il y en a d'autres d'une importance relative à ajouter. L'ensemble fera l'objet d'un prospectus général.

P. S. — La société LE CRÉDIT MODERNE pour faciliter et soutenir le crédit de la France et la circulation des valeurs nationales en Europe, etc., établira à l'étranger des établissements en correspondances directes avec son administration centrale.

CHAPITRE DEUXIÈME

DE LA CAISSE GÉNÉRALE DES PRIMES

à 50 et 60 années de date.

I

La Caisse générale des Primes est une institution toute gratuite pour les bénéficiaires.

La Prime est le produit de la capitalisation, à 50 ou 60 années de date, d'un *Capital de dotation* versé par la Société le Crédit moderne, des *intérêts* et des *bénéfices* qui doivent en résulter (10 p. %).

Si à ces dates, 50 ou 60 années, la capitalisation n'était pas complète, les échéances seraient reculées, la Société ne pouvant répondre à époques fixes de l'exactitude de la liquidation des primes.

Les Capitaux de dotation sont placés au *Comptoir des Capitaux placés à longs termes*, et jouissent de toute la limite des bénéfices afférents à ce Comptoir, c'est-à-dire jusqu'à concurrence de 5 p. % de leur importance. Ils obtiennent en outre 5 p. % d'intérêt, ce qui en élève le rendement à 10 p. % par an, sauf déficit par rapport au chiffre des bénéfices.

Les Capitaux de dotation représentent *un* pour *cent* des sommes à capitaliser; et *un demi pour cent* seulement à 60 années de date et dans certains cas.

La Prime s'applique également à toutes les affaires faites avec des adhérents et qui produisent une commission au profit de la Société.

C'est ainsi que la Prime représente la reconstitution du Capital pour les achats des objets usuels de toilette, de mobilier, etc., etc.; qu'à 50 années de date les générations pourront ajouter à leur bien-être les produits des primes de leurs familles ; que les enfants des jeunes ménages pourront être dotés plus libéralement et avoir de plus riches ressources pour leurs vieux jours.

S'appliquant aux transactions commerciales, la prime peut avoir une grande importance. En effet, s'élevant de 10 à 50 p. % du montant des achats, en fin d'année, la prime peut produire un chiffre important, et former, à l'échéance, une véritable fortune pour les enfants et petits-enfants.

Il suffit pour cela d'établir directement ses rapports avec des adhérents ou par les agents de la Société.

Les héritiers directs ont seuls droit dans les répartitions. Les bons de prime des familles sans postérité appartiennent à la masse à répartir.

II

Les Primes sont consenties au moyen de bons de répartition au porteur pour les *trois premières années*. Ils sont ensuite nominatifs. Chaque unité représente *cent francs*.

Etant au porteur, ils peuvent faire l'objet d'une spéculation, leur valeur étant de 12 à 14 p. %, si on les compare aux capitalisations faites par les Compagnies d'assurances sur la vie.

Ils peuvent être aussi l'objet de la bienfaisance et servir à fonder des ressources, ou à doter de jeunes orphelines dont l'avenir est si précaire, et qu'il est si intéressant de seconder pour arriver à en faire des mères de famille.

Admettant tous les grands établissements de charité, achetant avec primes et se désistant en faveur des orphelins, bientôt un grand nombre de familles serait possesseur de ce genre de titre, et la Société aurait peut-être un jour à se réjouir d'avoir rendu le peuple propriétaire de valeurs créant des espérances réelles pour l'avenir.

III

Les administrations, les monastères, les régiments, etc., n'offrant pas de chances d'extinction comme la famille, seront l'objet d'une division spéciale dans le Comptoir de la Caisse générale des Primes ayant pour échéance 60 *années* de date.

BIBLIOTHÈQUE NATIONALE R. F. IMPRIMÉS

2

CHAPITRE TROISIÈME

ASSURANCE FINANCIÈRE

Société mutuelle à primes limitées

En vue des cessations de paiements et des faillites

> Le Crédit est impressionnable, susceptible, et ne vit que de sécurité.
> Le Crédit est l'aliment substantiel du travail et du commerce.
>
> H. P.

I

L'Assurance Financière est devenue une nécessité dont on aurait tort de s'affranchir.

Etant justement comprise, la prime d'Assurance Financière promet des bénéfices par le crédit en banque qu'elle peut procurer et le chiffre des affaires qu'elle tend à augmenter. La prime sera toujours inférieure au chiffre des sinistres que, d'ordinaire, subissent les commerçants ; et dès lors, bien que portée aux frais généraux, elle ne saurait être mise au rang des pertes. Elle pourra d'ailleurs et généralement être comprise dans les prix de vente, en ce qu'elle est calculée d'après la situation connue des acheteurs dans le commerce.

II

Les situations commerciales, par suite des événements, ayant toutes été atteintes plus ou moins sensiblement, la reprise des affaires doit être hésitante, et les banquiers, qui courent des risques si considérables, à l'avenir n'oseront plus se lancer : les affaires rentrant dans le domaine du hasard. Enfin, la banque doit désormais et nécessairement limiter ses services et par là restreindre l'élan des affaires.

L'Assurance Financière apporte un remède efficace à cet état de choses en rassurant les vendeurs sur l'avenir de leur créance ; en offrant aux banquiers, à titre de tiers porteurs, une caution sérieuse. L'Assurance Financière est, d'après les conditions des statuts, transmissible aux tiers porteurs.

On ne doit pas confondre notre combinaison d'assurance avec les essais faits dans le passé, s'intitulant Assurances contre les faillites. Nos principes sont complètement opposés et doivent avoir des effets tout différents. Par l'Assurance Financière, chaque affaire est garantie en particulier, la prime est appliquée en raison de la valeur de l'acheteur. Les renseignements, au moyen d'un répertoire mobile, sont donnés à l'avance, et chaque renseignement indique le découvert et le coût de la prime. Par ce mode d'opérer, il n'y a plus d'inconnu pour les vendeurs et les premières affaires avec les clients nouveaux n'ont pas à être hésitantes.

L'Assurance Financière, pour les acheteurs, devient une recommandation et par cette raison les assurés doivent avoir la préférence. Elle les protège en cas de gêne momentanée et leur évite la faillite si, étant de bonne foi, ils sont à bout de ressources.

On ne saurait donc trop chercher à se convaincre des avantages que présente l'Assurance Financière qui devient, ainsi que nous l'avons déjà dit, un bénéfice au lieu d'être une dépense ; qui rassure contre les époques de crise et qui permet d'arriver avec une bien plus grande sécurité au terme de sa carrière commerciale.

III

L'Assurance Financière est mutuelle. Elle forme ses ressources pour arriver à la liquidation des sinistres, à toutes les époques d'un exercice, au moyen :

1º *D'une Prime* dite *d'Assurance*, réglée, à la fin de chaque mois, d'après le chiffre des affaire faites dans ledit mois ;

2º *D'une Prime* dite *de réserve*, égale à la somme des affaires annuelles. Cette prime est réglée, aux débuts de l'Assurance, en *douze Bons* d'égales sommes dont l'administration fait usage suivant les besoins ;

3º *D'un Capital de garantie* résultant de la rentrée des sinistres et des excédants de primes, s'il en existe, etc. Ce capital de garantie, pour chaque assuré, doit atteindre le chiffre de la prime d'assurance d'une année entière.

Le fonds de garantie reste la propriété des assurés et peut s'accroître de capitaux étrangers accordés en vue de rendre l'Assurance Financière une véritable puissance contre les événements qui peuvent survenir.

Des emprunts pourront être faits par la Société en raison des ressources du Capital de garantie.

Les *Primes d'Assurances,* réglées à chaque fin de mois, sont fixées d'après la valeur reconnue des acheteurs et la nature de leurs affaires. Elles comprennent *six catégories* ascendantes. La *Prime* est de 25 *centimes* pour *cent* pour la *première catégorie,* de 0,37,5, de 0,50, de 0,75, de 1 fr. 25, enfin de *deux francs* pour *cent* pour la *sixième catégorie.*

D'après cette classification, plus le crédit devient douteux et plus la prime s'accroît proportionnellement. C'est ainsi que de *12,5,* nous arrivons à 0,25, à 0,50 et enfin à 0,75 centimes d'augmentation.

Le remboursement s'opère en sens invers. Il est de 90 pour *cent* pour la *première* catégorie, et de 75 pour *cent* seulement pour la *sixième* catégorie, de manière à faire que l'Assurance ne puisse jamais devenir un calcul intéressé pour les assurés.

L'Assurance Financière accorde aux affaires soldées dans le mois et aux opérations offrant des garanties, 50 p. % de remise sur la prime, à titre de déduction dans le réglement du mois suivant.

Les bonnes affaires sont donc suffisamment privilégiées pour que l'Assurance Financière puisse toujours être admise : la sécurité n'étant jamais complète pour le commerçant prudent.

IV

Des *timbres mobiles* indiquant la classification des risques seront apposés par les assurés sur les titres de circulation soumis à l'Assurance Financière. Ils déterminent les droits à la transmission des bénéfices de l'Assurance en cas de faillite, etc., et font l'office d'une bonne signature.

Les affaires faites en dehors des conditions de risques qu'entend courir la Société sont présentées à l'acceptation. La direction les autorise ou les repousse. Le commerce par cette méthode est donc affranchi des entraves que la limite du Crédit pourrait apporter dans le commerce.

Il en serait de même pour les affaires faites avec des commerçants non cotés par oubli ou s'établissant seulement.

Des réclamations, sur la classification, peuvent être faites par les intéressés eux-mêmes qui s'en entendent avec la direction.

Chaque mois, une feuille de redressement des classifications sera envoyée aux assurés qui doivent, à leur tour, tous les renseignements utiles aux intérêts de la Société.

CHAPITRE QUATRIÈME

CAISSE D'AMORTISSEMENT

de la dette publique

> Le Capital est au travail ce que l'engrais est à la terre.
>
> Les charges de la dette publique, en s'accumulant sans cesse, peuvent devenir un danger, une source de calamités pour le pays.
>
> H. P.

I

En considérant la marche rapide de la dette publique depuis 1848, on est effrayé des conséquences que cet accroissement peut avoir sur les destinées de la nation. En effet, les charges de la dette publique en s'accumulant sans cesse peuvent devenir un danger, une source de calamités pour le pays.

Ces conséquences sont, on peut le craindre, fatales, si on n'en prévient l'explosion. En effet, la stabilité peut être troublée par instants ; et les partis politiques en se saisissant de ce prétexte : le chiffre exagéré de la dette, en apportant de la malignité dans leurs menées, peuvent mettre le crédit général en péril, et déterminer du trouble dans la gestion de l'État, comme dans les rapports privés. C'est là, d'ordinaire, un des objectifs des partis politiques.

C'est ainsi que M. Garnier-Pagès, ministre des finances de la République de 1848, caractérisant à son point de vue le gouvernement de Juillet, dans son rapport du 9 mars, faisait croire que la dette alors de *cinq milliards* avait, en totalité, été contractée par le gouvernement de cette époque, tandis qu'en réalité elle n'avait été accrue que de 30 millions de rentes environ ; qu'il y avait à Paris, *en espèces* disponibles 206 *millions* et dans les caisses des départements 100 *millions*.

Qu'on place à côté de cette minime augmentation de la dette, le milliard qu'a coûté l'Algérie, dont on a fait la conquête intérieure sous ce gouvernement ; tous les travaux publics qu'il a entrepris et achevés, travaux qu'on a pu évaluer à *quatre milliards,* alors on verra si la gestion du gouvernement de Louis-Philippe Ier n'a pas été florissante. L'impôt avait été réduit relativement de *onze millions;* et les recettes s'étaient accrues de *quatre cents millions,* par l'effet de la prospérité [1].

Cependant, dans son rapport du 8 mai 1848, ce ministre républicain revenant encore sur ses fausses appréciations, voulant élever la République, qui a coûté plus de *quatre milliards,* à l'état de Providence, a dit, parlant de la dette :

« Ce qui est certain, ce que j'affirme de toute la force d'une
« conviction *éclairée* et *loyale,* c'est que, si la dynastie
« d'Orléans avait régné quelque temps encore, la banque-
« route était inévitable.... La République a sauvé la France
« de la banqueroute. »

Nous rappelons ces énormités pour faire comprendre à nos lecteurs, au public en général, combien on doit être réservé pour accréditer les assertions des hommes de parti, ayant intérêt à dénaturer la vérité.

Il est donc nécessaire de se prémunir contre les manœuvres révolutionnaires en se rappelant que le capital de la dette consolidée n'est pas exigible, et qu'il suffit de la prospérité publique, amenant l'accroissement des recettes, pour faire qu'elle ne soit qu'une charge sans gravité. Cependant, il faut chercher à s'en affranchir par l'amortissement, de manière à diriger ensuite les recettes du budget dans des directions utiles à l'accroissement de la prospérité de tous, à l'aide de grands travaux publics, etc., etc.

II

La dette publique en février 1848 était de *cinq milliards* en capital, elle peut être évaluée aujourd'hui à une somme au moins quadruple, c'est-à-dire à *vingt milliards,* somme énorme en dehors de toute proportion.

Ce qui ajoute à la gravité de la situation, par rapport à la dette, c'est le déficit dans le budget des recettes résultant des contrées abandonnées, des non-valeurs des pays ravagés par l'invasion et la guerre civile ; c'est l'amoindrissement des débouchés industriels et du travail, conséquence forcée de la ruine générale causée par les évènements ; c'est la

1 Consulter la brochure de M. Cunin-Gridaine, ancien ministre des finances.

position précaire du pays vis-à-vis de l'étranger, doutant de notre situation politique, craignant l'influence des doctrines jetées en pâture à nos populations.

Cependant, il faut agir ; l'indécision serait un péril. Nous devons, de cette extrême misère où nous sommes plongés, faire sortir une ère de prospérité et de gloire ; nous mettant franchement à l'œuvre, sans arrière-pensée ; conviant les populations à la conciliation, en leur faisant entrevoir avec l'espérance dans l'avenir, les étapes menant à de nouvelles satisfactions.

Ces étapes, nous pouvons les franchir en quelque sorte en un seul bond ; il suffit de comprendre nos principes, d'accepter nos moyens.

III.

Cette somme de *vingt milliards*, d'après nos calculs, peut être amortie en *soixante années*.

A cet effet, l'État confierait à la Société le Crédit Moderne, un capital, en titre 5 p. %, représentant *cinquante millions* de rentes, au pair. Ce capital mis à la disposition de la Société deviendrait le fondement :

De la Commandite industrielle ;

D'une Institution de prêts à la petite propriété, et à l'agriculture, représentée par les fermiers locataires ;

Du Comptoir des expéditions lointaines pour faciliter les exportations ;

Du Comptoir des relations avec l'Algérie, et en vue de la colonisation générale de nos possessions d'outre-mer ; etc.;

D'un Comptoir de prêts aux communes ; etc. ; etc.

Les capitaux de la Caisse d'Amortissement, s'accumulant sans cesse pendant 60 années, par la capitalisation du capital et des intérêts que nous évaluons à 6 1/2 p. % à l'aide d'une part dans les bénéfices, augmenteront constamment les ressources du travail et par là la sécurité de l'avenir, en affirmant mieux la prospérité.

Il résulte de notre combinaison d'amortissement, qu'en donnant une valeur nouvelle aux instruments de travail, par l'activité des relations commerciales, on augmente la consommation, on élargit le cercle des affaires. Les rapports se multipliant, toutes les branches de la richesse nationale et des services publics obtiennent également de nouveaux accroissements.

Ce dont il faut bien se convaincre pour arriver à persuader son esprit des vérités qui résultent de nos appréciations, c'est que les richesses antérieures ne doivent être considérées qu'à titre de réserve et de moyen pour en obtenir de nouvelles.

D'après ce raisonnement, chaque jour, chaque heure perdue pour le travail, constitue un déficit pour la nation et le Trésor public. L'aide apporté par le capital, au contraire, crée des ressources, s'enrichissant à mesure que l'activité du travail est plus grande.

Le crédit de la France, sa probité n'étant pas mise en cause, nous pouvons, par le travail et le crédit, relever nos ruines, et ramener dans le Trésor d'abondantes recettes. Une prospérité croissante doit résulter des facilités offertes et de cet aliment donnés au crédit industriel et agricole, etc.

P. S. L'Etat d'après notre proposition, pourrait acquitter les intérêts de la dotation en titre de rentes, et en effectuer ainsi les paiements sans amoindrir ses ressources. Par l'augmentation des recettes il serait donc possible de réduire les impôts et d'augmenter la consommation, c'est-à-dire, le travail, conséquence d'une plus grande aisance.

CHAPITRE CINQUIÈME

CAISSE DE L'INVASION DE 1870

Analyse du projet

I

La Caisse de l'Invasion de 1870 a pour principal objet d'administrer les capitaux nécessaires pour arriver en *trente années* au paiement de la dette prussienne de TROIS MILLIARDS, laissant à l'État le paiement des intérêts.

A cet effet il serait sollicité du gouvernement, par la Société, en titres de rente 5 p. %, un capital de dotation, de 75 *millions* de rentes acquittables également et annuellement en titres de rente.

Cette dotation servirait plus particulièrement à commanditer les populations des pays ravagés par l'invasion de 1870, les aidant ainsi à se relever de leurs ruines.

La dette prussienne étant liquidée, ainsi que nous l'expliquons plus loin, LE CRÉDIT MODERNE, par des versements annuels, rembourserait au Trésor le montant des rentes acquittées à titre de dotation, soit en espèces, soit en titres, suivant la nature des versements faits à la Société par le Trésor.

La Société assurerait en même temps ou l'amortissement en espèces du capital de dotation, ou la restitution des titres annulés, s'il n'y avait pas eu emploi.

Enfin, elle proposerait un projet de souscription dont il sera parlé à la suite de ce chapitre; à l'effet de former les cautions exigées et d'obtenir de la Prusse des délais de paiement et l'évacuation immédiate de la totalité des troupes d'occupation. Cette souscription ne coûtera à l'État, pendant tout le temps de l'amortissement, c'est-à-dire *trente années*, qu'*un demi* pour *cent* du montant des sommes à acquitter, soit *quinze millions* par an donnés en primes à titre de compensation aux souscripteurs des dites cautions

Par la mise en pratique de nos combinaisons, le pays réaliserait des avantages multiples, à savoir :

1º Le rétablissement des richesses et des *sources de l'impôt* dans les pays ravagés par l'invasion ;

2º Une augmentation de recettes dans les autres contrées, le travail étant surexcité par une plus grande consommation.

3º L'économie pour l'état de l'entretien des troupes d'occupation, s'élevant à 50 mille hommes pendant trois ans ;

4º L'exonération pour les habitants des pays occupés des charges de logements, etc.

5º La liquidation de la dette prussienne, 3 milliards, ou de plus de 200 millions de rentes annuelles et perpétuelles.

Il y a donc tout intérêt à accepter le projet qui libère la France et qui lui rend sa liberté, tout en rétablissant les richesses des populations des pays dévastés par l'invasion, et cela par une simple transaction économique, dont l'équilibre du budget doit, en outre, être la récompense.

C'est là une solution gratuite pour l'État, digne de tout l'intérêt des législateurs, qui auront à remarquer que, comme pour l'amortissement de la dette publique, cette transaction aura lieu en rétablissant les richesses privées et en ramenant l'abondance dans les coffres de l'État.

II

Les désastres de l'invasion en infligeant des misères imméritées, les contrées envahies ont droit à la sollicitude du gouvernement, à des indemnités.

Mais le pays est ruiné, surchargé de dettes, et les emprunts ou les intérêts à acquitter feront émigrer son capital monétaire. C'est dès lors à des moyens conventionnels qu'il faut recourir pour ramener la prospérité là où la gêne et l'épuisement ont ralenti le travail, en créant des non-valeurs pour le Trésor public, en limitant la consommation et par là en amoindrissant les débouchés de l'industrie nationale.

L'État souffre donc dans toutes ses parties, par ce point d'arrêt dans le travail des contrées ruinées par l'invasion.

C'est pour modifier ces pertes de tous genres, qui atteignent tout le monde, que la Société LE CRÉDIT MODERNE peut intervenir utilement, et ramener la prospérité pour chacun. A cet effet, elle ouvrira des crédits à tous les ayants-droit des contrées ravagées en raison de leur position d'avant la guerre;

elle aidera à rétablir les immeubles ; et elle facilitera de grands travaux publics là où ils auront lieu d'être exécutés, pour accroître les chances de prospérité.

C'est par le Capital de dotation dont il a été parlé plus haut, 75 millions de rentes 5 p. % que nous espérons réaliser ces promesses faites aux intéressés.

Un comptoir spécial, intitulé : *Comptoir des contrées dévastées par l'invasion*, sera ouvert à cet effet. Il comprendra un personnel choisi de manière à renseigner utilement sur toutes choses. Ce Comptoir fera l'objet du huitième chapitre de cette brochure.

III

Mode de liquidation de l'indemnité de guerre
de trois milliards.

L'intérêt de 150 millions à acquitter annuellement reste, ainsi qu'il a été dit, à la charge de l'État.

La Société LE CRÉDIT MODERNE, à l'expiration de *quinze années* de jouissance du capital de dotation, pour remplir ses engagements envers le trésor, ajoutera, pendant *cinq années*, aux versements faits par l'État *cent millions*,

Soit, pour *cinq années* . . . . 500 millions.
Pour les *cinq années* suivantes, les an-
nuités s'élèveront à 150 *millions* 750   id.
Et, pour les *cinq dernières années*, elle les
portera à 200 *millions*, soit 1000   id.

Ce qui constitue des versements annuels de 250, de 300 et de 350 millions, y compris les intérêts. On arrive ainsi à la liquidation parfaite des *trois derniers milliards* : l'intérêt à 5 p. % des annuités réduisant proportionnellement le capital à acquitter. Par cette combinaison, à l'expiration du contrat d'amortissement, ainsi que nous l'avons déjà dit, l'État se trouvera quitte envers la Prusse, en capital et intérêts, et la Société lui remboursera les sommes qui lui auront été versées annuellement à titre de dotation par *trente versements* d'égales sommes. Elle annule ou rembourse ensuite les titres représentant le capital de la dotation.

D'après ce mode d'opérer, la dotation n'est en réalité qu'un prêt annuel de 75 *millions :* la représentation du capital, si important pour la Société, n'ayant aucune conséquence pour le Trésor ; l'État ne remboursant pas le capital de la dette consolidée.

Ajoutons que, par les recettes produites par l'impôt, le Trésor aura dû recevoir plus de 150 *millions* par *année,* ce qui établit que les 3 *milliards* auront été acquittés exclusivement, capital et intérêts, au *profit* de l'État et de celui des populations, dont les richesses auront dû s'accroitre considérablement pendant les trente années nécessaires pour arriver à l'amortissement de la dette prussienne.

CHAPITRE SIXIÈME

PROJET DE SOUSCRIPTION

En vue des cautions à offrir à la Prusse,

Faisant suite à notre proposition d'amortissement de solde de l'indemnité de guerre, en trente années, 150 millions de rentes ou 3 milliards

I

Les Prussiens, pour évacuer le sol de la France, exigent d'être entièrement soldés de l'indemnité de guerre qui leur a été consentie par le traité de paix.

Le solde de cette indemnité de guerre est de *trois milliards* en capital ou 150 millions de rentes.

La perturbation que peut apporter dans le monde financier la négociation d'emprunts aussi importants à la suite d'autres emprunts, et de porter sur un même point autant de numéraire, intéresse également toutes les nations.

L'acquit de l'indemnité de guerre, dans de brefs délais, peut donc, à divers points de vue, avoir des inconvénients graves.

II

La Prusse, à son tour, n'a pas d'intérêt à recevoir en capital et tout en une fois l'indemnité de guerre. La surabondance du numéraire pourrait nuire à la circulation de ses richesses intérieures. Enfin, tant de ressources accumulées solliciteraient des moyens de placement en en attendant l'emploi.

D'après ces réflexions et nous rappelant ce qui a été dit dès les débuts : que des termes pourraient être accordés moyennant cautions et l'intérêt à 5 p. %, nous pensons que la Prusse accepterait des propositions d'attermoiements; et que, par notre combinaison, la France pourrait fournir les cautions nécessaires pour arriver à se liquider en *trente années,* ainsi que nous l'avons expliqué dans ce chapitre.

C'est le droit du créancier de réclamer des garanties quelle que soit l'honnêteté reconnue du débiteur. Et, dans cette occasion, ce droit est d'autant plus impérieux que la France, si elle était libre, devrait chercher à se dégager par la guerre.

Il n'y a donc pas de discussion à établir sur ce sujet, et les susceptibilités de la France ne sauraient être compromises à la demande de cautions.

Admettant un ou plusieurs emprunts, le taux ne pourrait en être moindre de 6 ou 6 1/2 p. %, non compris les frais et commission, etc.

Par notre projet, l'indemnité prussienne s'acquitterait en *trente annuités* et ne coûterait que *cinq et demi* pour *cent,* sans avoir recours à l'emprunt. Il assurerait immédiatement l'évacuation de tous les pays occupés.

III

Ce délai de *trente années* serait réclamé à la Prusse qui, nous le pensons, l'accorderait sans hésitation.

Et pour obtenir les cautions nécessaires et acceptables, il serait fait, en tous pays, appel aux amis de la France.

Cet appel aurait pour but la garantie des intérêts de la dette prussienne, s'élevant à 150 *millions de rentes* annuelles.

La souscription proposée aurait lieu en valeurs d'État, dont le dépôt serait fait dans des établissements publics, au nom des maisons ou des gouvernements proposés à titre de cautions.

La banque d'Angleterre, d'Autriche, d'État en Belgique, etc., etc., ou des maisons de banque comme celle de Rothschild de Londres, par exemple, etc.

Pour déterminer ces souscriptions et proposer aux rentiers une compensation, le Trésor public mettrait à la disposition de notre projet et annuellement *quinze millions* en titres de rente, c'est-à-dire 750 mille francs de rentes, dont on diviserait le montant en *vingt-deux mille trois cents* lots, à savoir :

10	lots de	15.000	francs, ou	750 fr.	de rentes.
20	id.	10.000	id.	500	id.
30	id.	7.500	id.	375	id.
60	id.	5.000	id.	250	id.
180	id.	2.500	id.	125	id.
5.000	id.	1.000	id.	50	id.
17.000	id.	500	id.	25	id.

22.300 lots à répartir.

Le solde serait affecté aux frais d'administration.

Par cette combinaison, qui pourrait représenter *trois cent mille* participants de 500 *francs* de rentes chacun, les Français comme les Anglais, les Américains, les Hollandais, les Belges, les Autrichiens, les Suisses et même les Allemands pourraient également concourir à cette grande question de délivrer immédiatement le sol de la France de l'occupation étrangère.

Elle aurait pour résultat une grande économie pour les populations ; et si l'on a égard aux avantages que doivent procurer la dotation de l'État, n'exigeant de sa part aucun découvert, on pourra se persuader que par les ruines relevées, l'aide apporté au travail dans toutes ses parties et produisant d'importantes recettes budgétaires, cette manière d'envisager la question sera bien préférable à des surcharges d'impôts, nuisant également à la consommation et aux transactions.

Enfin, par ce projet, *vingt mille trois cents personnes,* par leur seule confiance en la France et le simple dépôt de titres dont elles conservent la jouissance, peuvent obtenir des primes annuellement, pendant trente années, dont le chiffre n'est pas sans importance, étant en minimum de *cinq cents francs* et en maximum de *quinze mille francs.*

En trente tirages, le capital ainsi réparti gratuitement s'élèverait à 450 millions comprenant six cent soixante-neuf mille lots ou plus de deux lots par numéro.

CHAPITRE SEPTIÈME

LA COMMANDITE INDUSTRIELLE

> Le Crédit soutenu par la mutualité est appelé à opérer une véritable régénération sociale.
>
> H P.

I

Le *Comptoir* : LA COMMANDITE INDUSTRIELLE aura pour objet de seconder l'industrie, le commerce et certaines exploitations agricoles, au moyen de capitaux confiés à titre de commandite se liquidant en *quinze années,* par des versements mensuels de *un pour cent* comprenant l'intérêt à raison de *cinq pour cent* par an.

Deux desdits *versements par année* restent acquis à la Société à titre de *frais d'administration.*

Une *participation* dans les bénéfices, suivant convention, formea les bénéfices de la Société. Lesdits bénéfices seront liquidés après inventaires par des bons mensuels échelonnés et ne dépassant pas *six mois.*

Les versements mensuels d'amortissement serviront en même temps de *fonds de garantie,* pour les cas de sinistres de *un* ou de *plusieurs* commandités.

Un acte de Société en commandite, passé entre la Société et les commandités, relatera toutes les conditions de la commandite, que des statuts acceptés et approuvés établiront tout particulièrement.

II

La Société commanditaire, parfois, peut ne pas obtenir de bénéfices, mais elle ne doit jamais être en risque de perdre. C'est là la base de ses conventions en vue de ses relations.

A cet effet, les commandités souscrivent une prime collective dont ils doivent le montant en cas de sinistre de la part de l'un des associés, et dont répond le fonds de garantie.

Ils doivent faire partie de l'*Assurance Financière* pour garantir leurs découverts avec la clientèle. Ils s'assurent contre l'incendie.

Les Bons de répartition de la *Caisse générale des Primes* résultant de leurs achats de matières ou autres, restent acquis aux commandités et n'entrent pas dans la répartition des bénéfices. A l'expiration du contrat de société, ils reçoivent, à titre de prime, un capital égal au *montant de leur commandite* échéant à 50 années de date.

Les commandités tiennent une comptabilité dont les modèles de registres sont indiqués par la Société.

Des situations sont remises et des inspecteurs-vérificateurs représentent le Conseil général de la Société.

III

D'après l'exposé de ces conditions de la commandite, il sera facile d'apprécier les avantages réciproques qui peuvent résulter de ce genre d'appui financier donné au travail.

Le *prêt* étant fait pour *quinze années,* cette latitude d'échéance et l'amortissement mensuel enlèvent toute espèce d'inquiétude, par rapport aux contractants ; et la Société, par la solidarité des associés, ayant des garanties sérieuses, peut être d'autant moins exigeante dans la répartition des bénéfices ; c'est ce qui enlève toute comparaison avec les commandites ordinaires.

La Société a des services de tous genres qui peuvent venir en aide à ses associés, pour les soutenir en cas de crise, pour faciliter leurs débouchés et leurs achats, ce qui donnera à tous les commandités la certitude d'arriver au terme de leur contrat dans de bonnes conditions de fortune.

En effet, la jouissance d'un capital, par des achats plus avantageux et les faveurs de l'escompte, peut compenser les versements mensuels de *un* pour *cent* dans lesquels est compris l'intérêt à 5 p. % ; et ces versements en liquidant la commandite, en fin de contrat, constituent les commandités propriétaires de toute l'importance des sommes qui leur auront été confiées. En outre, ils ont les bénéfices faits dans le cours de leur gestion, et un capital, à 50 années de date, leur est remis, ainsi que nous l'avons déjà dit, en bons de répartition de la *Caisse générale des Primes.*

IV

Là Société émet des obligations en rapport avec le montant des commandites consenties et de ses besoins. Elle obtient toujours ainsi de nouvelles ressources pour aller au devant des exigences financières de l'industrie et du commerce. En effet, et ce qui explique nos préoccupations, c'est que l'industrie, plus particulièrement, est amenée, par l'établissement de son matériel, par la mise en main-d'œuvre des matières premières, par le temps nécessaire aux façons de tous genres que réclament les produits pour être présentés à la consommation, d'immobiliser des capitaux relativement très considérables. Ces exigences, pour arriver à la confection complète des produits, font que l'industrie est toujours à court de ressources ; que plus les affaires sont prospères et plus le travail exige de capitaux pour en obtenir tous les avantages que les industriels ont le droit d'en espérer.

L'industrie, de nos jours, marche de pair avec l'agriculture pour les services rendus à la patrie. Elle seconde puissamment les travaux agricoles en donnant une valeur bien plus grande à tous leurs produits, et devient, par là, indispensable à la marche des intérêts de la nation. Protéger l'industrie, c'est donc seconder l'agriculture dans ses espérances, c'est amener une plus grande abondance dans le pays.

CHAPITRE HUITIÈME

COMPTOIR DES CONTRÉES DÉVASTÉES

par l'invasion et la guerre civile

I

Le COMPTOIR DES CONTRÉES DÉVASTÉES *par l'invasion*, etc., constitue une Société en mutualité entre tous les contractants, etc., ayant pour cautions les Communes.

Cette institution a pour objet de reconstituer les biens matériels endommagés ou ruinés des contrées maltraitées par l'invasion, et de faciliter de grands travaux d'utilité publique afin de rendre à toutes les non-valeurs actuelles la puissance productive qu'elles avaient autrefois ou qu'elles peuvent avoir.

Les avantages de cette institution pourront s'étendre à tous les départements, à l'Algérie et aux colonies.

Elle laisse aux différents services de la Société LE CRÉDIT MODERNE de combler les lacunes qui résultent des besoins de l'industrie et du commerce de ces contrées.

II

Les prêts faits par le Comptoir auront lieu au moyen d'obligations à 50 années de date de la Société LE CRÉDIT MODERNE dont elle facilitera la négociation.

Ces obligations portent intérêts à 5 p. %, et en fin de chaque exercice annuel, des tirages accordent en prime aux ayants-droit, dans une proportion de *dix* pour *cent* des obligations émises, des bons de répartition de la *Caisse générale des Primes*, primes ayant pour résultat de doubler le chiffre nominal des obligations et celui des intérêts.

Par ces tirages, en *dix années* les porteurs de toutes les obligations seront également favorisés.

Les emprunts ainsi contractés se liquideront en *soixante annuités,* à l'intérêt de 5 p. %. Une prime de garantie de *un quart* pour *cent* pour les cas de sinistres ; et une commission annuelle de *un demi* pour *cent* sera en outre acquittée à titre de prime d'administration et de recette.

La *prime de garantie* reste la propriété des ayants-droit. Elle est capitalisée à l'intérêt de 4 1/2 p. %, s'il n'y a pas emploi, et une part, de 2 p. % en maximum, dans les bénéfices du Comptoir des Capitaux placés à longs termes en augmente le rendement.

III

Les obligations de la Société ont pour garanties l'actif de la Société et les capitaux de dotation consentis par l'État pour arriver à l'amortissement des dettes de la France.

IV

D'après les résultats à espérer de cette combinaison financière, on peut à l'avance augurer de ce que peuvent produire des *milliards* se transformant en moyens de production, se multipliant sans cesse par la capitalisation des intérêts et des bénéfices réalisés, tout en rendant la vie aux pays dévastés, aujourd'hui soumis à l'impuissance ; que la progression des impôts qui en résultera sera ascendante ; qu'ils deviendront une riche compensation aux avances faites par le Trésor pour constituer la dotation. On remarquera aussi que l'industrie et le commerce trouveront dans ces contrées, devenues prospères, des débouchés importants sur lesquels le travail n'aurait pu compter sans l'intervention d'aussi riches subsides.

C'est un devoir pour l'État de montrer cette sollicitude, et c'est un droit pour les populations des pays éprouvés par la guerre, si intéressantes par leurs malheurs, de compter sur des secours de la nation. Nous ne pensons pas qu'il y ait des moyens plus avantageux d'arriver à une solution favorable du but complexe qui nous occupe, que par la mise en pratique des combinaisons se résumant dans la Société LE CRÉDIT MODERNE.

CHAPITRE NEUVIÈME

COMPTOIR DES LIQUIDATIONS AMIABLES

I.

Le COMPTOIR DES LIQUIDATIONS AMIABLES est une institution née des circonstances, qui pourra, désormais, avoir une grande utilité.

En s'appliquant aux difficultés du moment, elle facilitera la liquidation du passé, et préparera les assises de l'avenir ; elle déblayera le présent des entraves que la crainte, que le doute sur la solvabilité des débiteurs peut créer ; par là elle rendra au Crédit toute sa puissance.

En effet, le passé étant liquidé et l'avenir secondé par l'assurance financière et d'importantes ressources, le crédit n'aura plus lieu d'être impressionnable. Les affaires, par ce nouvel état de choses, reprendront leur cours ; et la consommation, qui est une des conséquences naturelles de l'aisance, viendra soutenir l'impulsion donnée aux affaires par le crédit.

II

La liquidation des dettes antérieures aurait lieu d'après cette combinaison, au moyen de *Certificats de Liquidations amiables*, acceptés par les créanciers, et dont l'*amortissement* aurait lieu en *trente années*.

A cet effet, les débiteurs s'engageraient à verser mensuellement *un demi* pour *cent* du montant de leurs dettes, soit *cinq francs* par *mois* pour l'acquit d'une dette de *mille francs*.

Ces versements s'effectueraient jusqu'à ce que le produit des *cinq premières années* ait atteint, par la capitalisation, le pair, c'est-à-dire *cent unités*, ce qui en porte l'*échéance* probable à *vingt ans*.

Les porteurs ou bénéficiers des *Certificats de Liquidations amiables* sont les cautions naturelles des versements mensuels. Ils sont prévenus, par l'administration du Comptoir, des paiements non effectués.

Les débiteurs ne sont libérés que par l'acquit de leurs engagements mensuels. Il n'y a pas novation ; et, en cas de non paiement, ils restent soumis à l'action de leurs créanciers, pour solde en entier des sommes en litige, dont le montant devient exigible.

Les créanciers, s'ils le jugent convenable, peuvent exiger des cautions et l'assurance sur la vie [1] par rapport aux paiements mensuels.

Les *Certificats de Liquidations amiables* sont transmissibles. La mutation est inscrite sur les registres du Comptoir. Ils peuvent servir, par la transmission, à l'acquit d'autres dettes, créant ainsi de nouvelles cautions pour le paiement des versements mensuels.

III

En vue de faciliter la liquidation des dettes antérieures, les *Certificats de Liquidations amiables* jouiront d'un privilége. Le capital de garantie, formé par les versements des *cinq premières années,* seront capitalisés à l'intérêt de 5 p. %, auquel sera ajouté une part dans les bénéfices de la Société LE CRÉDIT MODERNE, pouvant s'élever également à 5 p. %, soit 10 p. % annuellement.

Par cette capitalisation, les *cinq premières années* produisent 30 *francs* 52 *centimes*, et après la *vingtième année,* 127 francs 38 centimes.

C'est alors que les versements mensuels cessent de droit pour laisser le service du remboursement des *Certificats* au fonds de garantie.

Deux des versements mensuels sont appliqués aux frais d'administration.

IV

La liquidation des *Certificats de Liquidations amiables* a lieu annuellement et au moyen de tirages.

Après la *cinquième année,* 4 p. % du montant des titres en circulation sont remboursés ;

Et après la *vingtième année,* 5 p. %, ce qui porte la liquidation de la totalité des titres à *vingt-huit ans.*

Les *titres remboursés* donneront droit, lors du remboursement, à des *bons de répartition* de la *Caisse générale des Primes,* représentant une somme égale à celle des certificats.

---

1 La Société institue des combinaisons d'assurances sur la vie à primes fixes et en mutualité.

Les porteurs bénéficiaires n'en resteront pas moins la caution des paiements mensuels.

V

La liquidation du fonds de garantie formée par les versements des *cinq premières années*, aura lieu à l'expiration de la *trentième année*.

Les *ayants droit* à cette liquidation seront les *porteurs de quittances* des *versements mensuels*, jusqu'à concurrence du montant de leurs versements ou au prorata.

Par cette combinaison, les sommes qui auront servi à la liquidation des *Certificats des Liquidations amiables* seront remboursées à *ceux qui les auront acquittées*.

Et les *porteurs des certificats* obtiendront, par la prime, un double capital.

Il y aura donc également des avantages pour toutes les parties intervenantes :

Pour la *Société,* par les *commissions* qu'elle en retirera ;

Pour les débiteurs, qui s'acquittent de leurs dettes, tout étant remboursés de leurs versements, et qui protégent leur crédit;

Pour les créanciers, en rentrant dans des sommes désormais perdues sans l'intervention de Comptoir, et en recevant un capital double au moyen des bons de répartition, de la Caisse générale des primes.

VI

Il est facile d'apercevoir tout le parti qu'on pourra tirer désormais de cette institution des *Liquidations amiables*. En effet, il arrive que faute de concessions, la ruine atteint également les débiteurs et les créanciers.

Donnons un exemple :

Un commerçant est contraint par sa position de suspendre ses paiements. Pour ne pas ruiner sa position et causer un préjudice définitif à ses créanciers, il réclame de leur part des concessions, leur exposant sa position. Pour se liquider, ce commerçant propose à ses créanciers *un* ou *des dividendes* à échéance et le *solde en Certificats de Liquidations amiables*.

Cette combinaison en s'effectuant empêchera beaucoup de faillites et de ruines. Elle serait très puissante, l'*Assurance Financière* intervenant, ainsi que *la loi sur les arrangements amiables, homologuée par les Tribunaux de Commerce*, dont nous indiquons l'idée et la nécessité au chapitre XIV de cette brochure.

CHAPITRE DIXIÈME

COMPTOIR DE CREDIT

en valeurs négociables

I

La situation actuelle des affaires commerciales et industrielles, en général, réclame des moyens d'action que les ressources du moment, étant compromises par les événements, sont impuissantes à rétablir.

C'est donc par le secours de combinaisons de crédit conventionnelles qu'on peut arriver à donner à la circulation les éléments nécessaires pour soutenir et encourager le travail.

Plus tard pourront intervenir avec avantage pour tous : la *Commandite industrielle* et les autres institutions de crédit qui forment l'ensemble de notre système financier.

II

Le CRÉDIT EN VALEURS NÉGOCIABLES, consenti pour *quinze années*, est une espèce de commandite qui ne peut être confondu avec les valeurs de circulation dont on use assez communément dans les affaires.

Etant administrée par la Société LE CRÉDIT MODERNE, et au moyen des garanties qui seront offertes, la combinaison réalise une sécurité également sérieuse pour les contractants et les tiers porteurs.

Elle présente pour cautions :

1° Un *Fonds de garantie* et *d'amortissement* formé mensuellement par le versement de *un* pour *cent* du montant des crédits réclamés et consentis ;

2º *L'Assurance Financière,* qui transmet aux *tiers porteurs* les droits au remboursement ;

Et 3º une *cotisation mensuelle* et relative à laquelle souscrivent les crédités en prévision des sinistres à liquider.

NOTA. Un besoin, faute de paiement avant protêt, est apposée sur toutes les valeurs mise en circulation.

III

La Société LE CRÉDIT MODERNE pour faciliter les souscripteurs qui auront le placement de ses obligations, mettra à leur disposition des obligations à 50 *années de date,* portant intérêt à 5 p. º/₀ et offrant en prime, des bons de répartition de la *Caisse générale des Primes,* représentant la *valeur nominale* des obligations, *à dix pour cent,* annuellement, du montant des obligations remises.

A l'aide de la négociation de ces obligations, les valeurs souscrites seront retirées de la circulation.

Le *fonds de garantie,* résultant des versements mensuels, portera intérêt à raison de 4 1/2 p. º/₀ par an et participera dans les bénéfices jusqu'à concurrence de 2 p. º/₀, ce qui peut porter le rendement annuel à 6 1/2 p. º/₀.

Les versements des *cinq premières années,* sont seuls capitalisés et forment le capital de garantie.

Les *versements suivants* servent à l'amortissement des valeurs qui, par ce moyen, se trouvent *éteintes,* à l'expiration du contrat de prêt, c'est-à-dire, après *quinze* années.

Au moyen de la capitalisation du fonds de garantie, représentant les versements des *cinq premières années,* la Société rembourse aux crédités, après *quinze ans,* un *capital égal* au montant de leurs crédits ; ce qui, avec *un capital* donné en *prime,* représenté par des bons de répartition de la *Caisse générale des Primes,* élève à *trois capitaux* les bénéfices faits par les Sociétaires du COMPTOIR DE CRÉDIT EN VALEURS NÉGOCIABLES, en dehors des avantages qu'ils ont pu obtenir par le travail du capital mis à leur disposition ; à savoir :

Le *Capital* entre leurs mains que les versements mensuels ont amorti ;

Le *Capital* remboursé par la Société à l'expiration du contrat de crédit, résultant de la capitalisation du fonds de réserve :

Le *Capital* donné en prime et à 50 tannées de date, en compensation des *commissions* acquittées à la Société, par *deux* des versements mensuels et annuellement.

On peut regarder ces avantages comme étant acquits à titre gratuit. En effet, les profits que procure un capital disponible, étant comparés aux termes du crédit, présente des bénéfices certains et réguliers que de meilleurs achats, que l'escompte du comptant procure. A ces avantages on doit ajouter celui du crédit qui en résulte et qui concourt également à la prospérité des maisons de commerce et d'industrie.

La souscription d'un Crédit en Valeurs négociables, pour celui qui a besoin d'accroître ses ressources, ne peut donc être qu'une bonne affaire. Enfin les tiers-porteurs n'ont rien à redouter de la liquidation de telles valeurs, entourées de garanties aussi sérieuses.

Une enquête préalable est faite par la Direction, et un Conseil spécial formé par les intéressés, décide les admissions.

Le Comptoir n'endosse pas les valeurs ; mais au besoin, il en facilite la négociation.

Des statuts stipulent les conditions d'admission, et celles de l'émission et de la circulation des valeurs.

CHAPITRE ONZIÈME

COMPTOIR DES EXPÉDITIONS LOINTAINES

et des établissements exotiques de la Société.

I.

L'établissement de débouchés extérieurs, assurant l'écoulement des produits nationaux, est un élément de prospérité pour le pays.

Nous avons en exportation des maîtres à consulter, qui nous donnent l'exemple de ce qui peut être fait pour agrandir, multiplier et donner une plus grande activité à nos relations internationales et d'outre-mer.

De petites nations nous sont supérieures par leur système d'exportation. La Hollande, la Belgique et la Suisse même ont des sociétés puissantes d'exportation qui secondent avec intelligence l'industrie de leur pays. L'Angleterre et l'Allemagne ont surtout d'importantes relations à l'étranger.

C'est cette manière de traiter les affaires qui nous est si bien indiquée, qu'il faudrait suivre. A cet effet, nous ferons appel à tous les industriels, aux commerçants, et aux armateurs, dont les connaissances pratiques en exportation pourront utilement renseigner la Société, sur les besoins des différentes contrées et sur les pays les plus avantageux à exploiter.

En cette circonstance, il faut agir avec prudence, avec mesure, mais ne rien négliger pour atteindre ce grand but : élargir le plus possible les voies et moyens de l'exportation des produits naturels et manufacturés.

II.

Si nous admettons, comme nous avons le droit de l'espérer la réussite de nos plans, par rapport aux capitaux de dotation dont il a été parlé aux chapitres relatifs à l'amortissement

de la Dette publique et de celle de l'Indemnité de guerre, les
ressources de la Société seraient telles que les expéditions
les plus considérables pourraient être entreprises. La Société
ferait appel à cet effet à des expéditeurs dont elle seconderait puissamment le bon vouloir.

La Société LE CRÉDIT MODERNE, ne spéculant pas, ne faisant aucune opération pour son compte, et ne servant que
d'intermédiaire, ne pourra être jalousée. Les chefs de
comptoir, les correspondants et les agents de la Société seront
ceux de tous ses adhérents.

Le COMPTOIR des EXPÉDITIONS LOINTAINES devient donc le
centre de toutes les opérations d'exportation qui seront confiées à la Société.

A cet effet, la Société crée des *Comptoirs exotiques* correspondants, nomme des Agents ; et par l'ensemble de son
organisation, réunit les renseignements nécessaires dont elle
donne communication à ses adhérents à l'aide d'un Journal
hebdomadaire et de bulletins journaliers.

Sur les indications qu'elle procure, des associations d'industriels, d'exportateurs se forment ; chacun stipule la part
qu'il veut prendre dans les expéditions en projet. La Société
pour encourager les adhésions propose de larges avances
sans préciser d'échéances et s'assure ainsi le concours de
tous ceux qui entrevoient des gains par l'exportation.

Pour se garantir contre les éventualités dont elle ne doit
pas courir les chances, la Société reçoit en consignation les
produits dont elle opère les expéditions, avec l'engagement
solidaire de tous les expéditeurs par rapport aux avances
faites.

Agissant ainsi, aucune perte ne peut l'atteindre ; et par cette
raison, la Société peut être plus libérale dans ses conditions
de crédit.

Les produits à exporter sont expédiés aux Comptoirs
indiqués par les intéressés. Ils sont vendus d'après les usages
des pays de consommation ou suivant un mode déterminé à
l'avance. Le crédit à accorder aux acheteurs pouvant être
facilité par la Société, ce sont les conditions les plus avantageuses à l'écoulement des produits qui seront acceptées.

La Société, en retour, importe des produits exotiques
qu'elle achète sur ordre de ses exportateurs ou de tout autre
groupe de sociétaires. On en cherche le placement ou sur le
marché intérieur ou dans les autres pays d'Europe, suivant
qu'il sera plus avantageux d'en effectuer la liquidation : s'ils
n'ont pas à être livrés à des demandeurs, ayant déposé la
prime de garantie exigée pour toutes les transactions réalisées par la Société.

La Société prélève sur toutes ses opérations une commission administrative, l'intérêt de ses avances et une part dans les bénéfices. Au moyen de cette commission, etc., elle accorde des primes d'encouragement, elle appointe ses agents à l'étranger.

La Société délivre aussi des primes aux acheteurs en bons de répartition de la *Caisse générale des Primes*, toutes les fois que l'application de ce système est susceptible d'activer ou de solidifier les relations.

III.

Pour s'assurer de bons services extérieurs en vue de ses intérêts et de ceux des sociétaires expéditeurs et exportateurs, dans les pays lointains, la Société LE CRÉDIT MODERNE créera une pépinière de jeunes gens d'élite auxquels elle fera appel.

L'instruction scolastique de ces jeunes gens étant complète, les connaissances pratiques des langues étrangères, de la chimie, des sciences naturelles, du droit commercial et international, du dessin, de la comptabilité, et des produits industriels, nécessaires à leur mission dans les pays lointains et d'outre-mer, leur seront données à l'aide d'une institution spéciale qui sera créée par la Société en vue des résultats à obtenir.

Ces jeunes gens, feront leur stage dans les divers comptoirs industriels, commerciaux ou d'armateurs des adhérents de la Société.

Le ministre des affaires étrangères et les consuls seront sollicités de seconder les efforts de la Société.

CHAPITRE DOUZIÈME

COMPTOIR

des relations avec l'Algérie et les Colonies.

I.

L'Algérie exploitée avec intelligence, présente à la France des sources de productions et d'exportations pour ses produits nationaux qui doivent attirer toute notre attention.

Etant placée à nos portes, ou l'Algérie doit être occupée par o s troupes ou par celles de nos adversaires. Il n'y a donc pas d'hésitation à avoir à ce sujet, ce pays doit être entre les mains des Français.

Il s'agit donc d'en assurer la prospérité, au point de vue de nos propres intérêts.

II.

L'Algérie n'a été acquise par la France qu'à la suite de nombreux combats ; qu'au moyen de sacrifices très importants tant en hommes qu'en argent. Ce pays nous est jalousé par les Anglais, et tend à être placé sous la griffe de la démagogie, que la composition hétérogène de ses populations prédispose. Il y a donc toute espèce de préoccupations à avoir relativement à la colonisation de l'Algérie.

A notre époque ces contrées pourraient ne plus être une charge pour le pays ; elles devraient être entièrement pacifiées ; et cependant il n'en est pas ainsi, et des velléités d'indépendance, des révoltes, coûtent encore à nos troupes de très grandes fatigues et mettent en doute la colonisation. La mobilité de nos institutions en sont une cause essentielle,

et ce pays ayant souvent servi de moyens en vue de faveurs
à accorder, d'avancement militaire à favoriser, il en est
résulté que l'idée sérieuse de colonisation n'a pas existé réel-
lement.

La mère-patrie étant prospère, ses enfants tiennent à son
sol, rejettent l'idée de coloniser, ne veulent pas en encourir les
hasards. C'est pourquoi le gouvernement doit assurer par
des combinaisons la colonisation de ce pays.

L'Angleterre, aux Indes, a confié le soin de la colonie à
une Société, et elle s'en est bien trouvé. Avant la révolution
de 1789, il en était de même en France, et nos établissements
d'outre-mer étaient très florissants. Ils étaient la richesse
du pays, l'espérance de l'industrie.

Une autorité puissante et respectée comme celle du maré-
chal Bugeaud, que les soldats avaient surnommé le Père,
ne se représente pas toujours, et cependant ce pays réclame
la stabilité et le prestige du pouvoir, que nos mœurs actuelles
tendent tant à aliéner.

En 1847, le gouvernement avait eu l'heureuse idée de nom-
mer Monseigneur le duc d'Aumale, gouverneur de l'Algérie.
La stabilité qui pouvait en résulter par suite de sa qualité de fils
du Roi et de Prince était d'une grande puissance sur l'esprit des
Arabes. Ils en conservent le souvenir. Et si c'était un sacri-
fice patriotique pour ce prince de s'expatrier ainsi, ce dévoue-
ment n'a cependant pas empêché la jalousie de cet esprit de
parti qui semble si bien s'identifier avec les agissements de
nos ennemis.

L'Afrique a besoin de lois spéciales, d'un pouvoir local
ayant une puissance aussi immédiate que possible sur le pays.
A cette condition, l'Algérie se satisfera bientôt, deviendra
riche et puissante, et certainement, une source de richesses et
de population pour la France.

III.

En acceptant tout ou partie de ces idées, la Société LE
CRÉDIT MODERNE par la création d'un Comptoir spécial pour
ses rapports *avec l'Algérie* et les *colonies*, organiserait des
moyens de colonisation pour ce pays et des Comptoirs pour
en assurer *le commerce d'exportation* et *d'importation*.

Les capitaux de la Société qui seraient employés à cet
effet auraient leur compensation dans les recettes qui en
résulteraient ; dans les bénéfices faits par les industriels
français et par les commerçants, que des transactions multipliées enrichiraient.

A cet effet, des concessions de terrains seraient réclamées du gouvernement; des villages seraient organisés; les terres seraient défrichées et préparées ; des puits , des ombrages seraient disposés avant la venue des colons, et la prospérité étant ainsi assurée, des émigrants iraient en nombre coloniser l'Algérie.

C'est ainsi qu'on opère en Amérique; aussi toutes les populations à l'envi se dirigent-elles sur ce pays. En créant la sécurité et la salubrité en Afrique, ces contrées étant plus près de nous obtiendront la préférence.

Pour tirer parti de cette combinaison coloniale, au profit de la sécurité de la France et de la civilisation, nous proposerons au gouvernement de mettre à la disposition de la Société, sous certaines conditions qui seraient stipulées, tous les récidivistes et les enfants confiés à la charité.

Une loi serait promulguée à cet égard. Elle déterminerait que tout individu condamné pour récidive serait désormais envoyé en Afrique, et expulsé des grands centres de populations.

- Le récidiviste doit être considéré comme étant incorrigible, dès lors dangereux et nuisible à la société.

A leur tour, les enfants abandonnés, confiés à la charité, par une existence problématique, ne peuvent qu'être malheureux. Les exigences de la société leur élève des entraves qui rend leur avenir difficile. Ce serait donc leur être favorable que de leur ouvrir des voies certaines pour leur permettre de constituer de nouvelles familles. Il serait accordé aux filles des concessions et une dot en espèce ; et les garçons seraient instruits dans tous les travaux agricoles. On obtiendrait, par ces moyens, une colonisation qui aurait sa souche dans des individus élevés dans le pays et qui auraient une existence certaine.

Les récidivistes seraient organisés en compagnies et conduits militairement. Ils auraient pour chefs des soldats, des sous-officiers et des officiers du génie militaire. Les récidivistes pourraient aussi arriver aux grades inférieurs des exploitations, et être admis à titre de colons. Ils seraient préposés à établir les travaux préparatoires de la colonie.

Il y aurait différents degrés de condamnés, en vue des travaux ou plus dangereux ou plus nuisibles à la santé.

Les mauvais doivent en cette circonstance protéger la vie des bons ou de ceux qui sont moins coupables.

IV.

Les villages étant situés stratégiquement, en vue de la défense contre les Arabes, auraient des chefs militaires, si cela est possible, et la Société ferait des crédits en nature aux colons. Ces crédits seraient garantis par la mutualité des emprunteurs, donnant pour caution les communes également associées en mutualité,

Cette mutualité ne laisse aucun doute par rapport à la liquidation des crédits, en ce que les communes ayant la main sur les récoltes, par son caractère de caution, seraient intéressées à ce que chacun exécute les conventions de crédit qui leur seraient faites.

Les négociants, les industriels en s'associant pour faire des expéditions en Algérie, endosseraient naturellement les crédits. La Société ne fait que des avances, qui lui sont garanties par les expéditeurs et la mutualité des groupes d'associés. Elle a pour caution les sommes dues par les colons.

La Société ne peut donc éprouver aucune perte. C'est ce qui est nécessaire, indispensable, même, pour consolider l'institution et assurer l'alimentation de l'Algérie.

V.

Par l'achat des produits naturels, la Société déterminerait des échanges qui rendraient nul l'emploi du capital, et les colons jouissant d'une certaine sécurité, donneraient à la consommation toute l'étendue qu'elle comporte, ce qui activerait considérablement la production.

Les premières livraisons pourraient être payables en un certain nombre d'annuités.

VI.

Quant aux colonies, des études spéciales seront faites à cet égard par la Société ; les besoins n'étant pas les mêmes qu'en Algérie.

Par ces démonstrations on comprendra toute l'importance que pourront avoir les capitaux de dotation formés en vue de l'amortissement de la dette publique et de l'indemnité de guerre.

CHAPITRE TREIZIÈME

COMPTOIR DES PRÊTS HYPOTHÉCAIRES

à la propriété rurale en 60 annuités

*et Caisse de l'agriculture, en vue des fermiers locataires.
D'une ressource exceptionnelle d'impôt.*

> Chez toutes les nations, l'agriculture est la source
> la plus pure de la prospérité publique.
>
> COMTE CHAPTAL.

I.

L'Agriculture, en général, manque de ressources pour rendre
le travail aussi productif qu'il pourrait l'être. La petite propriété surtout ; et les fermiers locataires, si nombreux en
France, sont entièrement privés de crédit. L'Usure seule
vient au secours des travaux agricoles et souvent en cause la
ruine.

Et cependant, comme le dit le COMTE CHAPTAL, « l'agriculture est la source la plus pure de la prospérité publique. » A
quoi l'on peut ajouter qu'elle est de l'État le plus solide contri-
buable.

Le grand Frédéric, en écrivant à son surintendant disait :
« Si j'avais un homme qui me produisît deux épis de blé au
lieu d'un, je le préférerais à tous les génies politiques. »

Et il ajoutait :

« Vous aurez, Monsieur le Surintendant, pour cette partie
du peuple qui est si nécessaire à l'État, les sentiments qu'avait
le bon Henri IV, et que j'ai moi-même, lorsqu'il voulait *que
tous les laboureurs eussent le dimanche une poule au
pot.* »

C'est donc, et surtout à notre époque, agir avec patrio-
tisme, que de chercher à seconder l'agriculture dans ses travaux ; en lui créant des moyens de crédit qui permettent à la
propriété rurale et aux fermiers locataires d'amender leurs

terres en temps utile et aussi richement qu'ils croiront de leur intérêt de le faire ; de mettre à la disposition de cette source si riche des ressources de l'État des instruments aratoires perfectionnés, tout en la tirant des griffes de l'usure qui est tout à la fois la ressource et la plaie des campagnes.

II.

La cause principale de cet abandon du crédit en faveur des campagnes, c'est le morcellement agricole des besoins ; c'est l'impossibilité des garanties et des recettes pour les grandes compagnies ; c'est le coût des actes dont la dépense porterait le prix des emprunts bien au-delà des intérêts usuraires.

Les échéances fixes, absolues, sont une menace constante pour les agriculteurs, dont les ressources sont soumises à tant de fluctuations, et aux caprices des éléments.

Avec la possibilité de concessions possibles entre la Société et les emprunteurs ; d'arrangements avec les propriétaires, par rapport à leurs priviléges sur le mobilier ; de l'élasticité des ressources de la mutualité, tous ces empêchements peuvent être modifiés ; et ce qui n'était pas possible, peut le devenir avec l'organisation d'agences dans toutes les campagnes et les conditions de la Société LE CRÉDIT MODERNE.

La *mutualité* étant le principe de la garantie qu'invoque la Société, l'honnêteté et le travail deviennent un capital. Lorsque la propriété peut en être la caution, assurément alors le crédit n'en est que plus solide.

A l'aide de la mutualité on peut donc populariser le crédit, le mettre sans crainte à la portée des plus humbles exploitations. C'est ce qui ne pourrait pas avoir lieu par le crédit ordinaire.

Le *Cheptel*, par une combinaison de crédit et de mutualité pourra puissamment être organisé et encouragé ; et, par les expériences faites et propagé dans l'agriculture, par les études de la Société, les progrès agricoles seront développés et la Société LE CRÉDIT MODERNE deviendra ainsi la providence des campagnes.

NOTA. — Une notice spéciale et des statuts expliqueront mieux les ressources et les conditions de cette institution agricole.

III.

D'une ressource exceptionnelle d'impôt.

L'État, tout en rendant service à certains propriétaires, pourrait, par une combinaison spéciale, obtenir exceptionnellement des campagnes, des ressources d'impôt qui n'auraient pas lieu de se produire au profit du Trésor.

Il s'agirait, pour les réaliser, de faciliter l'échange ou la vente de parcelles de terrains que des agriculteurs possèdent loin de leurs habitations, ou qui sont échues par héritage à des personnes résidant dans des villes ou désormais vouées à des travaux industriels.

Ces mutations ne s'opèrent pas à cause du prix des actes notariés, des droits d'enregistrement, de la purge des hypothèques, etc.

Exceptionnellement, elles seraient provoquées en limitant considérablement les frais de mutations et d'actes. Tout ce qui en ressortirait, serait autant de trouvé pour le Trésor, et l'État aurait rendu un service aux populations.

Les droits d'hypothèques et de transfert de propriété devraient aussi être modifiés sensiblement. Ils pourraient être acquittés par annuités, ce qui serait moins lourd au moment de la transaction et les multiplieraient.

S'il y a lieu, et lorsqu'il en sera temps, nous exposerons tous les avantages de cette question relative aux prêts hypothécaires.

CHAPITRE QUATORZIÈME.

De la nécessité d'une loi

DES ARRANGEMENTS AMIABLES

Homologués par les tribunaux de commerce.

I.

La marche du progrès et celle de la civilisation indiquent, par les besoins qui se font sentir, les modifications que les lois réclament pour être mises en harmonie avec l'esprit de l'époque.

Le caractère cruel de la législation dans l'antiquité s'est modifié à mesure que les transactions se sont multipliées, et ont été facilitées par la puissance du crédit.

Si nous considérons l'état actuel de nos lois consulaires avec la rigidité de la législation romaine, de qui nous les tenons cependant, nous serons étonnés, ravis, de toute la distance qui nous sépare de cette époque, par rapport à l'esprit d'équité et de conciliation, qui s'y est introduit, répondant ainsi à la marche du temps.

Cette transformation des lois, signe de la civilisation, résulte surtout de l'état civil des populations. A Rome, le peuple était esclave ; les transactions de prêts d'argent, étaient toutes usuraires, et les affaires commerciales ne s'effectuaient qu'au comptant. Il n'existait donc pas de circulation monétaire par le crédit ; c'est ce qui rendait les créanciers exigeants et même cruels comme la loi.

II.

Les Romains ne faisaient jamais remise de la dette ; et par les lois, le créancier avait des droits de propriété sur son débiteur. Le cachot et la mutilation pouvaient être infligés aux débiteurs insolvables au gré des créanciers.

La loi sur les faillites, de nos jours, en faisant intervenir les concordats, en indiquant l'excusabilité, a obéi au mouvement commercial, s'est harmonisée avec nos mœurs dont les tendances sont toutes conciliatrices.

Cependant, d'après la marche du progrès et suivant nous, la législation commerciale aurait besoin de faire une nouvelle concession aux difficultés de l'époque ; elle devrait avoir égard à la mobilité de l'esprit public et des crises qui en résultent ; à l'état spéculatif des affaires auquel la rapidité des transports, la facilité de se renseigner oblige: la production ayant également suivi la transformation des autres agents qui constituent l'ensemble des transactions.

Aujourd'hui le cours des produits fabriqués et miniers obéit à celui qui s'établit sur les lieux de consommation et d'écoulement; tandis qu'autrefois il avait sa base sur les marchés de production ou d'extraction.

Il y a dans cette mutation des cours une raison de mobilité qui constitue la spéculation, et qui, parfois, peut déjouer les prévisions les plus expertes. L'industriel est également aux prises avec la mobilité des cours ; les produits en fabrication, par le temps nécessaire pour les livrer à la fabrication, pouvant être primés, par la baisse des matières premières, ce qui oblige à vendre en perte.

Par suite de cette situation des affaires, l'industriel, le commerçant le plus prudent devient donc spéculateur, et la spéculation a ses dangers inévitables.

A ces motifs de ruine possible on doit ajouter, de nos jours, ceux qui résultent des événements politiques, dont la fréquence est capable d'enrayer la volonté des esprits les plus entreprenants. Mais il faut agir quand même, l'industriel a son matériel, ses ouvriers à entretenir, et le commerçant a sa clientèle, son crédit à soutenir. La situation commande ; et les dangers, même entrevus, ne peuvent donc pas arrêter complétement la marche des affaires.

La spéculation, l'industrie, le commerce, étant la vie de la nation, la loi doit aller au devant des malheurs qui peuvent en résulter. Elle doit surtout protéger l'esprit de probité et ne pas déclarer que tout commerçant placé en face de cette fatalité, condamné à ne pouvoir faire face à ses engagements, est, par la faillite, privé pour toujours de ses droits civils. Ajoutons que les portes de la prison, bien qu'étant jugé excusable, s'ouvrent forcément pour lui : rigueur que les tribunaux de commerce en province ne manquent pas d'exécuter.

III.

Il n'y a dans cette disposition de la loi, étant comparée, une énormité, une injustice que nous ne saurions trop signaler. Le condamné politique qui, dans bien des cas peut être la cause des malheurs commerciaux, des industriels ou commerçants en état de faillite, leur peine étant subie, rentrent dans tous leurs droits, ne sont plus privés d'aucun des priviléges que procure les lois civiles; ils doivent à ce commerçant, mais ces sortes de dettes n'entraînent aucune incapacité; enfin ils peuvent être amnistiés. Pour le commerçant, il n'y a de grâce à espérer que celle que pourrait procurer la fortune. Mais ici on obscurcit encore ses espérances ; c'est en capital et intérêts qu'il faut qu'ils s'acquittent; et, comme par la somme des intérêts, le temps peut facilement arriver à doubler la dette, on peut, pour le commerçant, dire que la réhabilitation est presque impossible, et que la loi s'est étudiée à lui créer des entraves.

Il y a dans cette possibilité, pour tous les commerçants. d'être frappé par la faillite, quelle que soit l'honnêteté du caractère de ceux qui s'ydévouent', une idée de présomption qui les frappe également, et c'est ce qui fait qu'en France, l'esprit national n'est pas favorable au commerce, que les personnes qui n'appartiennent pas au monde commerçant ne s'engagent pas facilement dans les affaires. On peut ne pas être heureux, on peut faire faillite, voilà l'épouvantail.

L'Angleterre, l'Amérique comprennent cette situation et y ont égard. C'est d'un intérêt national.

Il y a différence à faire entre les commerçants de mauvaise foi, et ceux que le malheur frappe, que le jugement de faillite reconnaît excusable.

IV.

Nous croyons donc que l'état actuel des affaires réclame une modification dans la législation commerciale, relativement à la loi sur les faillites, qui n'est plus suffisamment protectrice.

Cette modification consisterait dans la possibilité d'arrangements amiables, consentis d'après les dispositions établies pour les concordats et sans publicité.

Il y aurait cette différence que le jugement d'homologation reconnaissant l'excusabilité, déterminerait qu'il n'y a pas faillite, mais arrangement amiable ou consulaire homologué.

Les commerçants en cessation de paiement pourraient ainsi préparer l'arrangement qu'ils sollicitent, sans avoir à craindre la faillite d'office ; et s'ils ne réunissent pas l'assentiment de la totalité de leurs créanciers, ils auraient alors recours au tribunal de commerce, qui nommerait un juge-commissaire pour entendre les réclamations des opposants ; dont la mission serait en outre de s'assurer des causes de la faillite, s'il y a eu parfaite loyauté dans la gestion. Les délais pour en appeler au tribunal seraient de dix jours.

Nous croyons que la loi à intervenir devrait être rétrospective, de manière à relever les incapacités déclarées par la loi ancienne, s'appliquant à tous les commerçants jugés excusables par l'homologation du concordat.

Ce serait justice, et comme personne ne saurait être lésé par cette nouvelle disposition de loi, notre proposition ne devrait rencontrer que des approbateurs.

Les tribunaux de commerce doivent s'inspirer des difficultés de l'époque.

La délégation de Bordeaux, pendant le siége de Paris, a touché à cette idée, mais ne l'a pas suffisamment régularisée.

V.

La Société LE CRÉDIT MODERNE par l'*Assurance financière* et le Comptoir des *Liquidations amiables,* ira au devant de l'aplanissement de bien des difficultés; elle réduira ainsi et considérablement le nombre des faillites. La faillite honnête n'aura plus raison d'être; et quant à celles qui ne le seraient pas, nous n'avons pas à nous en préoccuper. Les mœurs y gagneront et le commerce sera relevé de l'esprit de prévention qni pèse sur ceux qui s'y dévouent.

CONCLUSIONS

relatives à ce chapitre.

Pour donner une idée plus nette de notre proposition relative aux arrangements amiables et consulaires, homologués, nous allons en rédiger le projet en forme de loi, modifiant le LIVRE III du Code de commerce.

LIVRE III.

Des cessations de paiement.
Des faillites et des banqueroutes.

Loi du   1872, promulguée le.........

DISPOSITIONS GÉNÉRALES.

Art. 437. Tout commerçant est en cessation de paiement qui ne remplit pas, à échéance, les engagements qu'il a souscrits.

Il doit en faire la déclaration dans les *dix jours*, au greffe du tribunal de commerce de sa résidence, s'il ne veut être déclaré en état de faillite.

DE LA FACULTÉ DONNÉE AUX COMMERÇANTS D'ASSEMBLER LEURS CRÉANCIERS.

Art. 438. Les commerçants en dessous de leurs affaires ont, sans le danger d'être, d'office, déclarés en état de faillite, la faculté d'assembler leurs créanciers en vue de régulariser leur position et d'obtenir un arrangement amiable.

Ils peuvent également les solliciter individuellement.

De leur côté, les créanciers, dont les intérêts sont en souffrance, peuvent se réunir, sous l'initiative de l'un ou de plusieurs d'entre eux, pour se concerter par rapport à un ou plusieurs débiteurs, de fait, en cessation de paiement; et, à cet effet, ils nomment trois commissaires pour entendre les propositions, discuter des arrangements et suivre les opérations commerciales des débiteurs en cause.

Art. 439. Les arrangements qui ne réunissent pas l'unanimité doivent faire l'objet d'une décision du tribunal de commerce compétent, prise en conseil et sollicitée par le débiteur, conjointement avec les commissaires nommés par la majorité des créanciers.

Ladite demande est accompagnée du bilan et d'un procès-verbal, signé des commissaires, déclarant que rien de contraire à la loi et à une honnête gestion n'est résulté de leurs investigations.

Art. 440. Le tribunal réuni en conseil, faisant droit à la demande, nomme un juge-commissaire, ayant mission d'entendre les réclamations des créanciers de la minorité et de s'assurer de la régularité des actes de MM. les commissaires.

Les délais de distance ayant été observés, et rien de contraire à la loi n'étant venu contredire les déclarations faites par les commissaires, l'arrangement étant accepté par la majorité exigée pour les concordats, sur le rapport du juge-commissaire, le tribunal, en séance publique, de la séance la plus rapprochée, en prononce l'homologation.

Les lettres d'avis et de convocation sont cachetées et recommandées.

Art. 441. Les arrangements amiables ne sont soumis à aucune autre publicité que celle de l'audience d'homologation.

Art. 442. Les demandes d'arrangements amiables qui n'obtiendraient pas en temps utile, la majorité exigée : moitié en nombre et trois quarts en somme. suivront le cours de la procédure des faillites.

Un concordat étant ensuite consenti, et l'excusabilité déclarée, ce concordat aurait titre d'arrangement consulaire, n'entraînant aucune des incapacités que renferme la loi sur les faillites.

Néanmoins, bien qu'étant affranchi de tout recours, les bénéficiaires des arrangements amiables ou consulaires, revenus à meilleure fortune, et désireux de se liquider de leur échec commercial, pourraient réclamer de la cour d'appel, sur la justification de l'acquit de leurs dettes, le bénéfice de la réhabilitation complète, ainsi qu'il est dit au chapitre de la réhabilitation après faillite.

Nota. Nos lecteurs, dans ce projet, ne doivent voir qu'une idée émise et non une rédaction définitive.

CHAPITRE QUINZIÈME.

RÉFLEXIONS GÉNÉRALES

Et nécessité de l'abaissement des ports de lettres et du prix des transports.

I.

Le plan sur lequel repose le système financier centralisé par la Société LE CRÉDIT MODERNE, s'étend à toutes les parties qui constituent l'activité nationale.

Il est donc nécessairement complexe. Mais par la division des institutions et leur indépendance administrative il peut être considéré comme étant simple dans l'application.

Il y a solidarité entre toutes les branches de l'activité nationale, et tendent toutes à s'entr'aider La complexité de nos moyens est indispensable. C'est par cette diffusion des combinaisons, que nous espérons arriver à seconder les efforts de tous, pour rétablir la prospérité si fatalement compromise.

Aller au devant des contrées ravagées par l'invasion, sans seconder l'industrie, sans courir au secours de l'agriculture, de la propriété, et de cette myriade d'intelligences frappées par la tourmente, ce serait certainement manquer le but. Il faut aider l'universalité et multiplier ainsi le chiffre de la consommatiou et les débouchés du travail. Tous les départements ont relativement souffert. Ce qu'il faut surtout c'est accroître les recettes du Trésor, sans trop recourir à de nouveaux impôts dont l'effet incontestable est d'amoindrir la consommation et, dès lors, l'essor du travail.

La nécessité la plus impérieuse, la plus immédiate, c'est de raffermir le crédit général, la confiance de tous. A cet effet, il faut chercher à assurer l'amortissement de la dette publique, et à acquitter l'indemnité de guerre, sans surcharger le marché financier.

II.

Protéger le travail industriel et agricole, ainsi que l'intelligence, et produire, par l'excès de la consommation l'élévation du chiffre des recettes nécessaires à l'équilibre du budget, est le remède salutaire.

Cette idée ne peut être que justement appréciée ; elle est une nécessité actuelle pour la nation.

L'*Assurance financière* qui rassure le crédit, étant combinée avec une somme importante de ressources réunies au moyen des transactions et du travail, raffermira désormais la confiance, et place les affaires sur un terrain nouveau. Les crises financières autrefois si redoutables n'auront plus raison d'être, ne pourront plus se produire et tout progrès pour lequel il sera démontré des revenus suffisants pouvant en résulter, deviendra possible pour son auteur qui trouvera une protection efficace dans la Société.

Nos moyens sont pratiques et avantageux pour tous. Bien loin d'être une concurrence pour les établissements existants LE CRÉDIT MODERNE les secondera au contraire, en enrichissant leurs clients par la commandite industrielle et ses autres institutions de crédit ; enfin en consolidant la circulation des valeurs par les garanties offertes et qu'administre l'Assurance financière.

III.

Ce qui pour nous est concluant, ce qui nous montre au plus haut degré toute la puissance du crédit, c'est la situation où était la France en 1799, se relevant d'une position abjecte, misérable d'épuisement, sans ressources, pour devenir en quelques mois une véritable puissance.

A l'avénement du général Bonaparte, ayant titre de premier Consul, la situation financière de la France était complétement ruinée, les impôts étaient mal répartis et ne rentraient pas ; les armées étaient sans pain, sans souliers, sans vêtements ; la misère publique était à son comble. Aussitôt Bonaparte organise l'administration, assurant la rentrée des impôts, nomme des receveurs généraux versant des cautionnements, établit la caisse des Dépôts et Consignations, en vue des gages qu'il veut offrir aux escompteurs et aux prêteurs ; et, pour obtenir des ressources immédiates et régulières, il réclame des receveurs généraux des obligations à six mois échelonnées et représentant le montant des impôts à percevoir. Ces obligations, ayant pour garantie les cautionnements déposés, furent facilement escomptables et constituèrent désormais des recettes certaines. Enfin le premier Consul crée la Banque de France, ce qui complète un vaste système financier et assure la circulation des richesses disponibles de la France.

Les banquiers de Paris, aussitôt l'avènement au pouvoir du général Bonaparte, confiants dans son énergie, lui prêtèrent douze millions qui facilitèrent ses premiers mouvements.

Une combinaison financière par sa puissance a donc sauvé la France à cette époque de la détresse la plus absolue. C'est ce qui peut résulter aujourd'hui par la création de la Société LE CRÉDIT MODERNE, mettant en œuvre les capitaux de dotation pour arriver à l'acquittement de solde de la dette prussienne et à l'amortissement de la dette publique.

C'est avec ces ressources de l'époque, cependant si restreintes, que Napoléon a pu ravitailler les armées, les équiper, créer des arsenaux et passer le Mont Saint-Bernard en hiver, pour aller battre les Autrichiens réunis dans les plaines d'Italie et gagner la bataille de Marengo, tandis que Moreau les mettait en déroute à Hohenlenden, et s'assurait par cette victoire les bords du Rhin. Un an après, par le traité d'Amiens, il signait la paix générale.

On n'obtient de tels résultats qu'avec de la décision et à l'aide d'un gouvernement éveillant l'idée de la stabilité. En effet, la confiance sérieuse portant des fruits, résulte des assises du gouvernement; de là le crédit, c'est-à-dire la prospérité.

Les Anglais, à leur tour, avec l'aide de Pitt, le roi Georges étant malade, et pendant leur grande lutte contre Napoléon, pour subventionner les troupes étrangères, entretenir l'agitation et une flotte formidable, créait une dette impossible qui semblait devoir ruiner l'État. Mais en même temps, ce ministre intrépide enrichissait la nation par le commerce qu'une protection toute spéciale facilitait. Si on vérifie les comptes du commerce extérieur anglais de cette époque, on voit que par l'accroissement des débouchés, il y avait plus que compensation entre les recettes de la nation et les dépenses de l'Etat.

C'est là de la véritable politique nationale. Pitt défendait l'influence de son pays, assurait aux Anglais l'empire des mers et si le Trésor était surchargé, la nation étant riche pouvait supporter les charges de l'impôt.

Ce raisonnement nous ramène à nos propositions financières qui doivent rendre aux populations, au pays, ses grandes richesses ; que la dette publique écraserait de plus belle si on ne venait pas au secours des transactions et du travail.

Pour cela il faut consentir à ce que nous demandons : abaisser le prix des ports de lettres, ceux des transports et des voyages, au lieu de les augmenter : la facilité des relations ayant une puissance considérable sur les transactions. Plus un pays est pauvre et plus il faut rendre les relations faciles. Nos voisins comprennent bien cette nécessité du bas prix des transports et celui des ports de lettres qui sont à dix centimes tout autour de nous.

L'abaissement des prix portera les recettes à s'accroître, l'augmentation les réduira.

TABLE DES MATIÈRES

DE LA

PREMIÈRE LIVRAISON

PARTIE FINANCIÈRE

Lille, imp. Lefebvre-Ducrocq.

www.ingramcontent.com/pod-product-compliance
Lightning Source LLC
LaVergne TN
LVHW010407060726
842526LV00005B/1557